Culture De Champignons Coprinellus Micaceus Pour Les Débutants

Approvisionnement et préparation des spores, méthodes de culture, plantation et inoculation

Par

MARCO MACNEIL

Marco MacNeil

Droits d'auteur © 2024, Marco MacNeil
Tous droits réservés.

Aucune partie de cette publication ne peut être reproduite, distribuée ou transmise sous quelque forme ou par quelque moyen que ce soit, y compris par photocopie, enregistrement ou autres méthodes électroniques ou mécaniques, sans l'autorisation écrite préalable de l'éditeur, sauf dans le cas de brèves citations incorporées dans des critiques et certaines autres utilisations non commerciales autorisées par la loi sur le droit d'auteur. Pour toute demande d'autorisation, écrivez à l'éditeur..

Marco MacNeil

Table des matières

Marco MacNeil

Marco MacNeil

Introduction

Bienvenue dans le monde de Glistening Ink Caps, un endroit où prospère le champignon humble mais fascinant Coprinellus. Ces champignons délicats, avec leurs chapeaux chatoyants recouverts de particules semblables à du mica, captivent depuis longtemps le cœur et l'esprit des amateurs de champignons du monde entier. Que vous soyez un cueilleur chevronné ou un mycologue en herbe, la culture de Coprinellus ouvre un nouveau domaine de découverte et de délices culinaires.

Imaginez-vous marcher dans une forêt tranquille, l'air empli de l'arôme terreux des feuilles et de la terre humides. Au milieu des branches tombées et du bois en décomposition, vous apercevez des grappes de petits champignons de couleur beige scintillant sous la lumière tachetée du soleil. Ce sont les Glistening Ink Caps, un témoignage de la capacité de la nature à créer de la beauté dans les endroits les plus inattendus. Leur apparence délicate trahit un cycle de vie robuste et un rôle écologique important en tant que décomposeurs, décomposant la matière organique et restituant des nutriments essentiels au sol.

Mais pourquoi cultiver Coprinellus micaceus, vous demandez-vous peut-être ? La réponse réside dans leur combinaison unique de facilité de culture, d'avantages écologiques et de potentiel culinaire. Pour les débutants, Coprinellus micaceus présente un point de départ idéal. Ils sont relativement simples à cultiver, ne nécessitant que des matériaux et des conditions de base. Grâce à leur cycle de croissance rapide, vous pouvez profiter des fruits de votre travail en peu de temps, en étant témoin de la magie de la culture des champignons.

Au-delà de la joie de cultiver vos propres champignons, la culture de Coprinellus micaceus contribue à un environnement plus durable. Ces champignons jouent un rôle crucial dans la décomposition des matières organiques mortes, contribuant au cycle des nutriments qui soutiennent la vie végétale. En les cultivant, vous profitez non seulement d'un passe-temps enrichissant, mais vous participez également aux processus naturels qui maintiennent nos écosystèmes en bonne santé.

Marco MacNeil

La valeur culinaire de Coprinellus micaceus ne doit pas être négligée. Bien que délicats et éphémères, ces champignons offrent une saveur subtile et terreuse qui peut rehausser une variété de plats. Des simples sautés aux recettes plus élaborées, les Glistening Ink Caps peuvent ajouter une touche unique à vos créations culinaires. Récolter et cuisiner vos propres champignons peut vous procurer un sentiment d'accomplissement et une connexion plus profonde avec la nourriture que vous mangez.

En vous lançant dans ce voyage, vous découvrirez le fascinant cycle de vie de Coprinellus micaceus, les conditions dont il a besoin pour prospérer et les techniques pour le cultiver avec succès. Ce livre est conçu pour vous guider à chaque étape du processus, en vous fournissant des conseils pratiques, des informations scientifiques et une touche d'inspiration. Bienvenue dans le monde enchanteur de Glistening Ink Caps. Commençons ensemble ce voyage de croissance et de découverte.

Marco MacNeil

Chapitre 1

Comprendre Coprinellus Micaceus

Le monde délicat de Coprinellus micaceus, communément appelé Glistening Ink Cap, est un monde qui invite à la fois à l'émerveillement et à la curiosité. Pour vraiment apprécier ces champignons, nous devons nous plonger dans leur description botanique, leur rôle écologique vital et la valeur nutritionnelle et culinaire qu'ils apportent à nos tables.

Imaginez un sol forestier au petit matin, le sol tacheté de soleil et recouvert d'une riche couche de feuilles et de bois en décomposition. Parmi les débris, de petits champignons de couleur beige émergent en grappes, leurs chapeaux ornés de minuscules granules scintillants qui captent la lumière comme des milliers de minuscules diamants. Ce sont les Glistening Ink Caps, nommés ainsi en raison de leur apparence distinctive. Les chapeaux sont initialement ovales ou en forme de cloche, s'élargissant progressivement pour devenir largement convexes ou plats à mesure qu'ils mûrissent. Ils sont fragiles et présentent souvent une surface légèrement nervurée, en particulier près des bords.

Les tiges de Coprinellus micaceus sont fines, blanches et creuses, offrant un support délicat aux chapeaux situés au-dessus. À mesure que les champignons mûrissent, leurs lamelles, blanches au départ, deviennent noires et commencent à se liquéfier dans un processus appelé déliquescence. Cette caractéristique unique donne son nom à la famille Ink Cap et ajoute une touche de magie à leur cycle de vie. Les spores qu'ils produisent sont noires, contribuant au résidu d'encre laissé par la dissolution des champignons.

Dans la grande tapisserie de la nature, Coprinellus micaceus joue un rôle important en tant que saprotrophe. Cela signifie qu'ils se nourrissent et décomposent la matière organique morte, comme les branches tombées et le bois en décomposition. Ce faisant, ils contribuent au cycle des nutriments qui est essentiel au maintien d'écosystèmes forestiers sains. En décomposant des composés organiques complexes, ils libèrent des nutriments dans le sol, l'enrichissant et soutenant la croissance des plantes et d'autres organismes. Ce service écologique vital souligne l'importance de ces champignons apparemment humbles dans le contexte plus large de la santé et de la durabilité des forêts.

Mais l'histoire de Coprinellus micaceus ne s'arrête pas à leurs contributions écologiques. Ces champignons ont également leur place dans le monde culinaire, offrant une saveur subtile mais distinctive qui peut rehausser une variété de plats. Bien que leur nature délicate signifie qu'ils doivent être récoltés et consommés rapidement, leur goût terreux et doux peut ajouter une touche unique à vos créations culinaires. Lorsqu'ils sont jeunes et avant qu'ils ne commencent à se liquéfier, ces champignons peuvent être sautés, ajoutés aux soupes ou même utilisés comme garniture pour apporter un élément d'élégance sauvage à vos repas.

Sur le plan nutritionnel, Coprinellus micaceus, comme de nombreux champignons, est faible en calories mais riche en nutriments essentiels. Il constitue une bonne source de vitamines, en particulier de vitamines B, et de minéraux tels que le potassium et le sélénium. Sa teneur élevée en eau et en fibres en fait également un complément sain à tout régime alimentaire. Cependant, il est important de les consommer avec précaution, car leur décomposition rapide signifie qu'il est préférable de les déguster frais et qu'il faut les identifier correctement pour éviter tout sosie toxique.

Comprendre les Coprinellus micaceus, c'est apprécier la beauté délicate de leur forme, reconnaître leur rôle indispensable dans l'écosystème et savourer les saveurs subtiles qu'ils apportent à la cuisine. Alors que vous poursuivez votre voyage pour cultiver ces champignons fascinants, gardez à l'esprit l'équilibre complexe qu'ils contribuent à maintenir dans la nature et les plaisirs simples mais profonds qu'ils peuvent offrir à votre répertoire culinaire. Avec chaque grappe qui pousse dans votre jardin ou votre intérieur, vous participez à un cycle de croissance et de décomposition, de nutrition et de renouvellement, qui fait partie de l'histoire de notre planète depuis des millénaires..

Chapitre 2

Commencer la culture

Se lancer dans la culture du Coprinellus micaceus, le chapeau d'encre scintillant, est à la fois passionnant et gratifiant. Comme pour toute nouvelle entreprise, disposer des bons outils et comprendre les meilleures méthodes sont des étapes cruciales pour réussir. Imaginez-vous créer votre propre jardin de champignons, où des grappes de champignons délicats et chatoyants émergeront bientôt, procurant à la fois un plaisir esthétique et un délice culinaire.

Pour commencer, vous devez rassembler les outils et l'équipement essentiels. Imaginez-vous dans une pièce bien éclairée ou un endroit extérieur ombragé, équipé des éléments nécessaires à votre culture de champignons. Un ensemble de couteaux ou de ciseaux propres et tranchants sera votre principal outil pour récolter les chapeaux délicats. Vous aurez également besoin de conteneurs ou de plateaux, qui serviront de lit à vos champignons. Ces conteneurs doivent avoir un bon drainage pour empêcher l'eau de stagner, ce qui peut nuire à vos champignons délicats.

Ensuite, pensez au substrat, le matériau sur lequel vos champignons pousseront. Imaginez un mélange de bois pourri, de paille ou de compost, tous riches en matière organique pour fournir les nutriments nécessaires à une croissance saine. Vous devrez préparer ce substrat en vous assurant qu'il est bien humidifié et exempt de contaminants. La stérilisation du substrat, soit en le faisant bouillir, soit en utilisant une cocotte-minute, est une étape cruciale pour éliminer les bactéries ou les champignons indésirables qui pourraient concurrencer vos champignons.

Une fois vos outils et votre substrat prêts, l'étape suivante consiste à sélectionner la bonne méthode de culture. Imaginez les possibilités : vous pouvez opter pour une installation en extérieur, permettant à vos champignons de profiter de l'environnement naturel, ou une installation en intérieur, où vous pouvez surveiller et contrôler de près les conditions. Chaque méthode a ses avantages et ses défis classiques.

Si vous choisissez la culture en extérieur, imaginez un parterre de jardin ombragé ou une partie de votre jardin où l'environnement est frais et humide. Ce cadre imite l'habitat naturel de Coprinellus micaceus, offrant un cadre idéal pour leur croissance. Les fluctuations naturelles de température et d'humidité favoriseront une culture robuste et résiliente. Cependant, la culture en extérieur nécessite un œil attentif pour gérer les parasites potentiels et pour s'assurer que les champignons ne sont pas exposés à des conditions extrêmes.

Vous pouvez également envisager une installation de culture en intérieur. Ici, vous pouvez créer un environnement contrôlé, peut-être dans un sous-sol ou une pièce dédiée, où vous pouvez maintenir une humidité et une température constantes. La culture en intérieur permet de cultiver toute l'année, sans les contraintes des changements saisonniers. Vous pouvez utiliser des lampes de culture pour simuler la lumière du soleil tachetée d'un sol forestier et des humidificateurs pour maintenir les niveaux d'humidité parfaits. Cette méthode offre précision et contrôle, ce qui facilite le dépannage et la gestion du processus de culture.

Marco MacNeil

Lorsque vous décidez de votre méthode de culture, pensez à votre style de vie et à l'espace dont vous disposez. Si vous aimez passer du temps dans le jardin et que vous disposez d'un espace extérieur adapté, l'approche naturelle pourrait être plus agréable. En revanche, si vous préférez un environnement plus contrôlé et cohérent, la culture en intérieur pourrait être la voie à suivre.

Commencer votre parcours de culture avec Coprinellus micaceus est un pas dans un monde de croissance fascinante et de beauté délicate. Avec les bons outils et une méthode soigneusement choisie, vous êtes sur la bonne voie pour créer un jardin de champignons florissant. Chaque jour vous apportera de nouvelles observations et de nouveaux apprentissages, tandis que vous observerez les minuscules filaments de mycélium se propager dans le substrat et que vous verrez finalement émerger les chapeaux scintillants. Ce processus, de la préparation à la récolte, ne consiste pas seulement à faire pousser des champignons, mais également à entretenir un minuscule écosystème complexe qui vous récompensera par ses charmes uniques..

Marco MacNeil

chapitre 3

Exigences de base pour la culture

Pour commencer votre aventure avec Coprinellus micaceus, le Glistening Ink Cap, commencez par créer l'environnement parfait pour que ces champignons délicats s'épanouissent. Imaginez le processus comme la mise en scène d'un spectacle naturel, où chaque détail contribue au succès global de votre culture.

Le climat et les conditions environnementales idéales sont essentiels à la croissance de Coprinellus micaceus. Imaginez une scène forestière où ces champignons prospèrent naturellement : frais, humide et ombragé. C'est le type d'environnement que vous devrez reproduire, que vous choisissiez de les cultiver à l'intérieur ou à l'extérieur. La température doit généralement rester entre 10 et 21 degrés Celsius, imitant les conditions modérées trouvées dans leur habitat naturel. L'humidité est tout aussi importante, car ces champignons prospèrent dans un environnement humide. Imaginez un espace où l'air est humide, semblable à une matinée rosée dans les bois. Maintenir des niveaux d'humidité élevés est essentiel pour garantir que vos champignons se développent correctement et éviter le dessèchement.

En ce qui concerne la préparation du sol et du substrat, imaginez créer un lit riche et nourrissant pour vos champignons. Coprinellus micaceus préfère un substrat riche en matière organique, comme du bois en décomposition, de la paille ou du compost. Commencez par préparer ce substrat pour vous assurer qu'il est exempt de contaminants qui pourraient entraver la croissance de vos champignons. La stérilisation est une étape cruciale ; considérez-la comme un nettoyage de l'environnement pour donner à vos champignons le meilleur départ possible. Cela peut être réalisé en faisant bouillir, en cuisant à la vapeur ou en utilisant un autocuiseur pour éliminer tous les micro-organismes concurrents.

Une fois votre substrat prêt, il est temps de penser à choisir l'emplacement idéal pour votre culture. Imaginez choisir un endroit qui offre le bon équilibre entre lumière, humidité et température. Si vous cultivez en intérieur, cela peut être une pièce fraîche et sombre ou un sous-sol avec une humidité et une température contrôlées. Utilisez des lampes de culture pour imiter la lumière douce et filtrée de la canopée d'une forêt et des humidificateurs pour garder l'air humide. Pour la culture en extérieur, trouvez une zone ombragée qui évite la lumière directe du soleil mais reçoit tout de même un peu de lumière naturelle. Un endroit sous les arbres ou un parterre de jardin ombragé peut offrir les conditions idéales. Assurez-vous que la zone est bien drainée pour éviter que l'eau ne s'accumule, ce qui pourrait entraîner des maladies fongiques ou la pourriture.

Choisir le bon emplacement signifie également tenir compte de la facilité d'accès et d'entretien. Imaginez un espace où vous pouvez surveiller confortablement vos champignons et faire les ajustements nécessaires. Que ce soit à l'intérieur ou à l'extérieur, l'emplacement doit vous permettre de maintenir des conditions optimales et de vous occuper de votre culture.

Créer le bon environnement pour Coprinellus micaceus ne consiste pas seulement à répondre à ses besoins de base ; il s'agit de créer un écosystème miniature qui imite son habitat naturel. En prêtant attention au climat, à la préparation du substrat et à l'emplacement, vous préparez le terrain pour une expérience de culture réussie. Lorsque vous observerez les premiers signes de croissance et que les capsules d'encre scintillantes commenceront à apparaître, vous saurez que votre planification minutieuse et votre attention aux détails ont porté leurs fruits, apportant une touche de merveille naturelle à votre espace..

Chapitre 4

Approvisionnement et préparation des spores

La culture de Coprinellus micaceus, le Glistening Ink Cap, commence par une étape essentielle : l'approvisionnement et la préparation des spores. Cette phase est comparable à la sélection des graines pour un jardin, où la qualité de ce que vous utilisez au départ aura un impact significatif sur le succès de votre culture.

Trouver des spores de haute qualité revient à trouver les ingrédients parfaits pour une recette. Vous voulez des spores fraîches, viables et provenant de fournisseurs réputés. Imaginez que vous parcouriez des catalogues ou des boutiques en ligne à la recherche de fournisseurs de spores spécialisés dans les champignons. Optez pour ceux qui fournissent des informations claires sur leurs spores, notamment leur origine et leurs conditions de stockage. Les fournisseurs fiables proposent souvent des empreintes de spores ou des seringues de spores, qui sont idéales pour garantir la meilleure qualité et le meilleur taux de réussite dans vos efforts de culture. Si vous vous connectez avec d'autres amateurs de champignons ou des cueilleurs locaux, vous pourriez également trouver des opportunités d'obtenir des spores auprès de producteurs expérimentés qui peuvent partager leurs connaissances et leurs ressources.

Une fois que vous avez acquis vos spores, l'étape suivante consiste à les collecter et à les préparer. Si vous collectez vous-même les spores, imaginez un processus minutieux dans lequel vous sélectionnez des champignons matures avec des chapeaux entièrement développés. Dans un environnement propre, retirez délicatement le chapeau et placez-le sur un morceau de papier propre ou une surface stérile. Au fil du temps, les spores tomberont des lamelles sur le papier, créant une empreinte de spores. Cette empreinte est un outil essentiel pour l'inoculation future. Pour ceux qui utilisent des seringues à spores, il vous suffit de vous assurer qu'elles sont correctement secouées et préparées conformément aux instructions fournies par le fournisseur. La seringue à spores rend l'inoculation simple et efficace, en garantissant que les spores sont uniformément réparties.

Le stockage et la préparation des spores pour l'inoculation sont une étape importante pour maintenir leur viabilité. Considérez cela comme la conservation de précieuses graines dans de bonnes conditions jusqu'à ce qu'elles soient prêtes à germer. Les spores doivent être conservées dans un endroit frais et sec pour éviter qu'elles ne se dégradent. Si vous avez une empreinte de spores, pliez soigneusement le papier et conservez-le dans un récipient ou une enveloppe hermétique, à l'abri de la lumière et de l'humidité. Pour les seringues de spores, conservez-les au réfrigérateur mais évitez de les congeler, car cela peut endommager les spores. Lorsque vous êtes prêt à inoculer votre substrat, assurez-vous de manipuler les spores dans un environnement stérile pour éviter toute contamination. Cela signifie travailler dans une zone propre, utiliser des outils stériles et suivre les meilleures pratiques pour maintenir la pureté de vos spores.

La préparation des spores pour l'inoculation implique un travail méticuleux, mais il est essentiel pour mettre en place une culture réussie. Avant de commencer, assurez-vous que tout votre équipement est stérilisé et que vous travaillez dans un environnement propre pour minimiser le risque de contamination. Que vous utilisiez des empreintes de spores ou des seringues, l'objectif est d'introduire les spores dans votre substrat préparé d'une manière qui favorise une croissance mycélienne saine. Les spores doivent être réparties uniformément dans tout le substrat, créant ainsi une base pour que le mycélium se propage et se développe.

Au fur et à mesure que vous progressez dans l'approvisionnement et la préparation de vos spores, vous posez les bases du processus passionnant de la culture des champignons. La qualité et le soin que vous investissez à ce stade influenceront grandement le succès de vos efforts. Grâce à une préparation minutieuse, vous préparez le terrain pour que les Glistening Ink Caps émergent et s'épanouissent, apportant une touche d'art de la nature à votre projet de culture.

Chapitre 5

Méthodes de culture

S'aventurer dans le monde de la culture du Coprinellus micaceus ouvre une gamme de méthodes qui répondent à différentes préférences et environnements. Que vous soyez attiré par les rythmes naturels de la culture en extérieur, la précision des installations intérieures ou la polyvalence de la culture en conteneur et en massif, chaque méthode offre des opportunités uniques pour nourrir ces champignons enchanteurs.

Imaginez entrer dans votre jardin, où l'ambiance forestière crée le cadre idéal pour la culture en extérieur. Cette méthode embrasse les dons de la nature, permettant aux Glistening Ink Caps de pousser dans un environnement qui imite étroitement leur habitat naturel. Vous pouvez choisir une zone ombragée sous une voûte d'arbres ou un coin isolé de votre jardin où la lumière du soleil filtre doucement à travers les feuilles. La décomposition naturelle du bois et des feuilles dans cet espace crée un substrat idéal pour les champignons. En préparant la zone avec des bûches en décomposition ou des copeaux de bois, vous reproduisez les conditions trouvées dans la nature. La méthode en extérieur tire parti des changements saisonniers et de l'humidité naturelle, favorisant une récolte de champignons saine et robuste. C'est un processus qui semble en harmonie avec la nature, vous permettant d'observer la croissance des champignons à mesure qu'ils s'adaptent à leur environnement.

D'un autre côté, imaginez le sanctuaire contrôlé d'une installation de culture en intérieur. Ici, vous prenez le contrôle de chaque aspect de l'environnement, créant un microcosme où vous pouvez réguler avec précision la température, l'humidité et la lumière. Imaginez un espace dédié dans votre maison, peut-être un sous-sol ou une pièce libre, transformé en un havre de champignons. En utilisant des lampes de culture pour simuler la lumière du soleil tachetée d'un sol forestier et des humidificateurs pour maintenir les niveaux d'humidité idéaux, vous créez les conditions parfaites pour que Coprinellus micaceus prospère. Cette méthode offre l'avantage de la culture toute l'année, sans être affectée par les caprices de la météo. L'environnement contrôlé vous permet de surveiller et d'ajuster de près les conditions, garantissant une croissance optimale et minimisant le risque de contaminants.

Pour ceux qui ont un espace limité ou qui recherchent une approche plus flexible, la culture en conteneur et en plate-bande offre des solutions pratiques. Imaginez une série de conteneurs soigneusement disposés ou de plates-bandes surélevées, chacun rempli d'un substrat soigneusement préparé. Ces installations peuvent être placées à divers endroits, que ce soit à l'intérieur ou à l'extérieur, ce qui facilite l'intégration de la culture des champignons dans votre espace existant. Les conteneurs peuvent être empilés ou disposés pour s'adapter à des zones plus petites, tandis que les plates-bandes surélevées peuvent être positionnées dans un jardin ou sur un balcon. Cette méthode permet une utilisation efficace de l'espace et peut être adaptée à différents environnements. En choisissant les bons conteneurs et substrats, vous pouvez créer un jardin de champignons florissant même dans des espaces confinés.

Chaque méthode de culture apporte son lot de récompenses et de défis. La culture en extérieur offre la joie de travailler avec la nature, les installations en intérieur offrent contrôle et cohérence, et la culture en conteneur et en plate-bande offre polyvalence et efficacité spatiale. Lorsque vous explorez ces méthodes, tenez compte de votre environnement, de l'espace disponible et de vos préférences personnelles. En sélectionnant l'approche qui correspond le mieux à vos objectifs, vous préparez le terrain pour une expérience de culture de champignons réussie et épanouissante, où les Glistening Ink Caps s'épanouiront et insuffleront à votre vie une touche d'élégance de la nature.

Chapitre 6

Plantation et inoculation

Le moment est venu de commencer à planter et à inoculer vos spores de Coprinellus micaceus, marquant le début d'un voyage remarquable vers la culture de vos propres Glistening Ink Caps. Imaginez cela comme l'acte délicat de planter des graines dans un jardin, où la précision et le soin sont essentiels pour nourrir la croissance de vos futurs champignons.

Pour assurer une inoculation efficace des spores, imaginez un processus méticuleux où chaque étape est réalisée avec une attention particulière aux détails. Si vous utilisez une seringue à spores, injectez doucement les spores dans le substrat préparé. L'objectif est de répartir uniformément les spores dans le matériau, un peu comme si vous semiez des graines dans un parterre de jardin. Cette méthode garantit que les spores ont les meilleures chances de germer et de se propager. Si vous travaillez avec une empreinte de spores, transférez soigneusement les spores sur le substrat à l'aide d'un outil stérile, comme un couteau ou une spatule, en veillant à ce que les spores soient réparties uniformément. L'objectif est de créer une inoculation uniforme qui favorise une croissance mycélienne saine et vigoureuse.

Une fois les spores introduites dans le substrat, l'objectif suivant est de favoriser la croissance et le développement du mycélium. Imaginez de minuscules filaments mycéliens qui commencent à se frayer un chemin à travers le substrat, établissant un réseau qui finira par produire les champignons matures. Pour favoriser cette croissance, il est essentiel de fournir les bonnes conditions. Le substrat doit être maintenu humide mais pas gorgé d'eau, car un excès d'humidité peut entraîner une contamination. Maintenez une température qui correspond aux besoins de Coprinellus micaceus, généralement entre 10 et 21 degrés Celsius. Cela revient à créer un environnement confortable où le mycélium peut prospérer et se développer.

Le maintien de conditions de croissance optimales est une partie cruciale de ce processus. Imaginez un environnement contrôlé où chaque élément contribue au bien-être de vos champignons. Si vous cultivez en intérieur, utilisez des humidificateurs pour maintenir l'air humide et assurez une ventilation adéquate pour éviter l'accumulation de dioxyde de carbone, qui peut inhiber la croissance. Pour les installations extérieures, surveillez les niveaux d'humidité et fournissez de l'ombre pour protéger le mycélium en développement des rayons du soleil. Des soins et une attention constants à ces facteurs aideront votre mycélium à établir une base solide et conduiront éventuellement à une récolte saine de Glistening Ink Caps.

Au fur et à mesure que vous avancez dans la phase de plantation et d'inoculation, vous préparez le terrain pour une culture de champignons florissante. Chaque étape, de l'inoculation minutieuse au maintien des bonnes conditions, joue un rôle essentiel pour garantir la croissance réussie de vos champignons Coprinellus micaceus. Ce processus exige de la patience et des soins, mais les récompenses de voir vos champignons s'épanouir et éventuellement être récoltés rendront tous les efforts utiles.

Marco MacNeil

Chapitre 7

Entretien et maintenance

Lorsque vos champignons Coprinellus micaceus commencent leur parcours, des minuscules spores aux champignons adultes, la phase de soins et d'entretien devient un élément crucial pour assurer une récolte réussie. Imaginez cette période comme l'entretien d'un jardin délicat, où chaque aspect des soins contribue à la santé et à la vitalité de vos champignons.

L'arrosage et le contrôle de l'humidité sont essentiels pour maintenir vos champignons en parfait état. Imaginez un environnement prospère où les niveaux d'humidité sont parfaits, ni trop secs ni trop humides. Pour la culture en intérieur, vous pouvez utiliser un humidificateur pour maintenir une humidité constante, garantissant que l'air reste humide et favorable au développement du mycélium. En extérieur, les précipitations naturelles peuvent suffire, mais il est important de surveiller et de compléter si nécessaire, en particulier pendant les périodes de sécheresse. Imaginez que vous vérifiez régulièrement le substrat pour le maintenir uniformément humide, en fournissant juste assez d'eau pour encourager la croissance sans provoquer d'engorgement, ce qui peut entraîner des problèmes indésirables.

La gestion des parasites et des maladies est un autre aspect clé de l'entretien des champignons. Imaginez-vous comme un gardien vigilant, inspectant vos champignons et leur environnement de croissance pour détecter tout signe de problème. Les nuisibles tels que les insectes ou les rongeurs peuvent être attirés par le substrat, il est donc important de maintenir la propreté et d'utiliser des barrières ou des pièges pour les tenir à distance. Les maladies peuvent également constituer une menace, se manifestant souvent par une décoloration ou des schémas de croissance inhabituels. Garder votre zone de culture propre et pratiquer une bonne hygiène aidera à prévenir la propagation des contaminants. Si vous remarquez des problèmes, résolvez-les rapidement en supprimant les zones affectées et en ajustant les conditions environnementales pour éviter d'autres problèmes.

Améliorer la croissance avec des compléments nutritifs peut donner à vos champignons un coup de pouce supplémentaire, un peu comme ajouter de l'engrais dans un jardin pour favoriser une croissance saine des plantes. Bien que Coprinellus micaceus prospère généralement sur des substrats bien préparés, l'ajout de suppléments comme du compost organique ou des nutriments spécifiques aux champignons peut améliorer leur développement. Imaginez enrichir le substrat avec ces suppléments pour fournir une alimentation supplémentaire, aidant ainsi vos champignons à atteindre leur plein potentiel. Assurez-vous que tous les compléments utilisés sont compatibles avec votre méthode de culture et n'introduisent pas de contaminants.

Lorsque vous parcourez la phase d'entretien et de maintenance, imaginez-vous comme un intendant attentif, créant un environnement optimal dans lequel vos Glistening Ink Caps peuvent s'épanouir. Une surveillance régulière, des ajustements réfléchis et une gestion proactive vous aideront à cultiver une récolte de champignons saine et productive. Ces soins dédiés transforment votre projet de culture d'une simple expérience en un succès florissant, apportant la beauté

Marco MacNeil

et le délice culinaire de Coprinellus micaceus dans votre
vie.

Chapitre 8

Récolter vos champignons

Le moment est venu de récolter vos champignons Coprinellus micaceus, et vous avez l'impression d'atteindre le point culminant d'un voyage enrichissant. Imaginez-vous entrer dans votre espace de culture, où des grappes de Glistening Ink Caps sont prêtes à être récoltées. Cette phase est à la fois passionnante et cruciale, car la façon dont vous récoltez et manipulez vos champignons a un impact direct sur leur qualité et leur longévité.

L'identification des Coprinellus micaceus matures est la première étape du processus de récolte. Imaginez-vous examiner vos champignons de près, en remarquant les chapeaux délicats et brillants qui ont atteint leur apogée. Les champignons matures ont des chapeaux qui se sont complètement développés, révélant les lamelles en dessous et affichant l'apparence chatoyante caractéristique. La couleur et la texture des chapeaux sont des indicateurs clés de maturité : lorsqu'ils sont fermes et que les bords des chapeaux sont légèrement tournés vers le haut, il est temps de les récolter. Soyez attentif au moment de la récolte ; Les cueillir trop tôt peut signifier qu'ils n'ont pas développé toute leur saveur et leur texture, tandis qu'attendre trop longtemps peut conduire à une surmaturité, où les chapeaux commencent à se décomposer ou à libérer des spores.

En ce qui concerne les techniques de récolte, imaginez le processus minutieux et doux requis pour préserver la qualité de vos champignons. À l'aide d'un couteau ou de ciseaux bien aiguisés et propres, coupez les champignons à la base de leurs tiges. Imaginez les manipuler avec précaution pour éviter de meurtrir ou d'endommager les chapeaux délicats. Pour de meilleurs résultats, récoltez tôt le matin ou tard le soir lorsque les champignons sont à leur plus frais. Placez délicatement les champignons récoltés dans un panier ou un récipient propre, en veillant à ce qu'ils ne soient pas surchargés pour éviter les meurtrissures et permettre une bonne circulation de l'air.

La manipulation et le stockage après la récolte sont essentiels pour maintenir la fraîcheur et la qualité de vos champignons. Imaginez-vous préparer les champignons pour le stockage en brossant doucement tous les débris avec une brosse douce ou un chiffon, plutôt que de les laver, ce qui peut les rendre détrempés. Pour une conservation à court terme, conservez les champignons dans un endroit frais et sec, idéalement dans un sac en papier ou un récipient ventilé pour éviter l'accumulation d'humidité. Si vous avez une récolte plus importante et que vous devez les conserver plus longtemps, pensez à les réfrigérer pour prolonger leur durée de conservation. Pour la conservation, vous pouvez également envisager des méthodes de séchage ou de congélation, en veillant à ce que les champignons soient correctement séchés pour éviter la moisissure, puis stockés dans des récipients hermétiques.

Une fois le processus de récolte terminé, prenez un moment pour apprécier les fruits de votre travail. Chaque Glistening Ink Cap représente un effort de culture réussi, reflétant l'attention et le dévouement minutieux que vous avez investis. Une récolte et une manipulation appropriées garantissent que vos champignons Coprinellus micaceus sont non seulement beaux, mais conservent également leur saveur et leur texture, prêts à être dégustés dans une variété de créations culinaires. Cette dernière étape de votre parcours de culture transforme votre travail acharné en une récompense tangible, apportant la beauté unique et délicate de ces champignons dans votre cuisine et au-delà.

Marco MacNeil

Conclusion

Félicitations pour avoir terminé « La culture des champignons Coprinellus Micaceus pour les débutants » ! Vous avez découvert les secrets de la culture des éblouissantes capsules d'encre scintillantes, transformant votre espace en un havre de champignons vibrant. Grâce à vos nouvelles connaissances, vous êtes prêt à cultiver ces champignons extraordinaires en toute confiance. Adoptez le processus, savourez les récompenses et laissez la magie de la culture des champignons améliorer votre vie. Bonne récolte !